Impressum
Verlag: BABADADA GmbH, Nedderfeld 112 , 22529 Hamburg
Geschäftsführer / Verlagsleitung: Harald Hof
Druck: Books on Demand GmbH, In de Tarpen 42, 22848 Norderstedt

Imprint
Publisher: BABADADA GmbH, Nedderfeld 112 , 22529 Hamburg, Germany
Managing Director / Publishing direction: Harald Hof
Print: Books on Demand GmbH, In de Tarpen 42, 22848 Norderstedt, Germany

iskola
skola

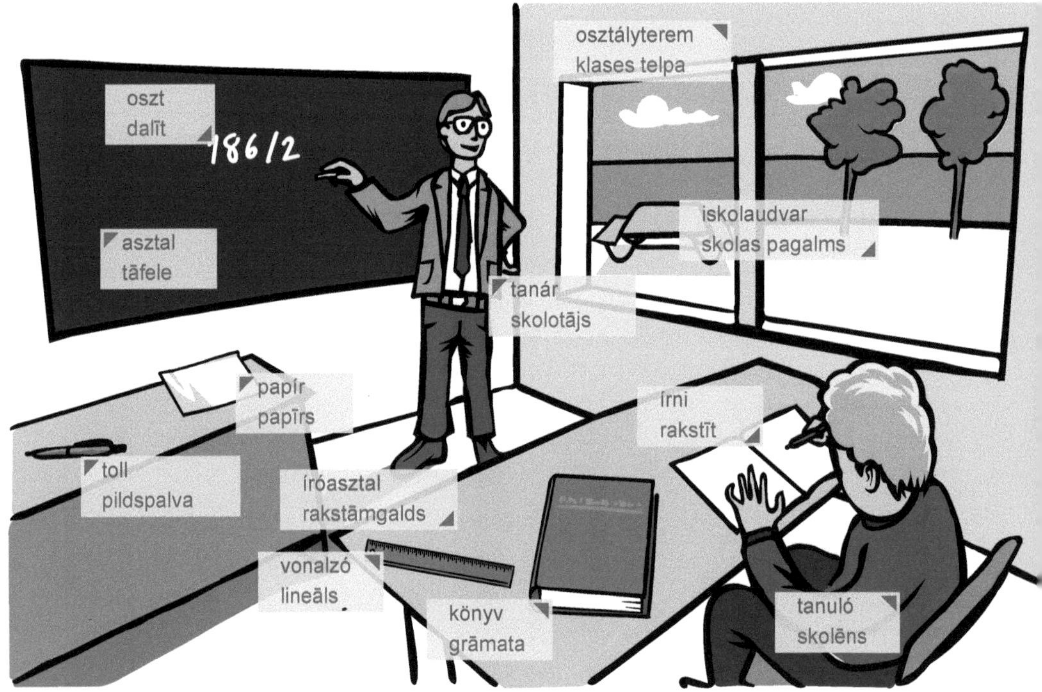

osztályterem
klases telpa
oszt
dalīt
186/2
asztal
tāfele
iskolaudvar
skolas pagalms
tanár
skolotājs
papír
papīrs
írni
rakstīt
toll
pildspalva
íróasztal
rakstāmgalds
vonalzó
lineāls
könyv
grāmata
tanuló
skolēns

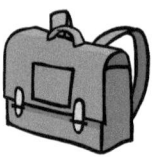

iskolatáska

skolas soma

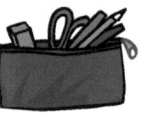

tolltartó

penālis

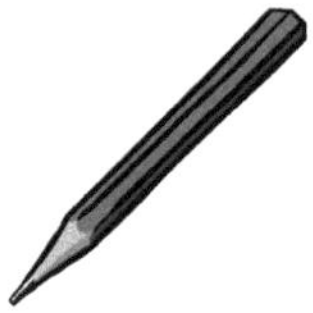

ceruza

zīmulis

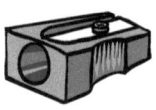

ceruzahegyező

zīmuļu asināmais

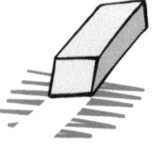

radír

dzēšgumija

rajzfüzet

zīmēšanas bloks

rajz
zīmējums

ecset
ota

festőkészlet
krāsas

olló
šķēres

ragasztó
līme

munkafüzet
darba burtnīca

házi feladat
mājas darbs

12

szám
skaitlis

2+2

összead
saskaitīt

5-2

kivon
atņemt

2×2

szoroz
reizināt

számol
rēķināt

A

betű
burts

**ABCDEFG
HIJKLMN
OPQRSTU
VWXYZ**

ABC
alfabēts

hello

szó
vārds

szöveg

teksts

olvasni

lasīt

kréta

krīts

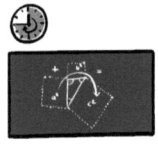

tanóra

mācību stunda

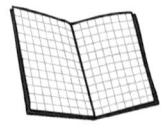

napló

žurnāls

vizsga

eksāmens

bizonyítvány

liecība

iskolai egyenruha

skolas forma

oktatás

izglītība

enciklopédia

enciklopēdija

egyetem

universitāte

mikroszkóp

mikroskops

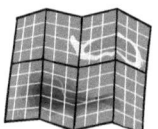

térkép

karte

papír-hulladék gyűjtő

papīrgrozs

utazás
ceļojums

hotel
viesnīca
Grand
szállás
hostelis
ROOMS
valutaváltó iroda
valūtas maiņas punkts
bőrönd
čemodāns
autó
automašīna

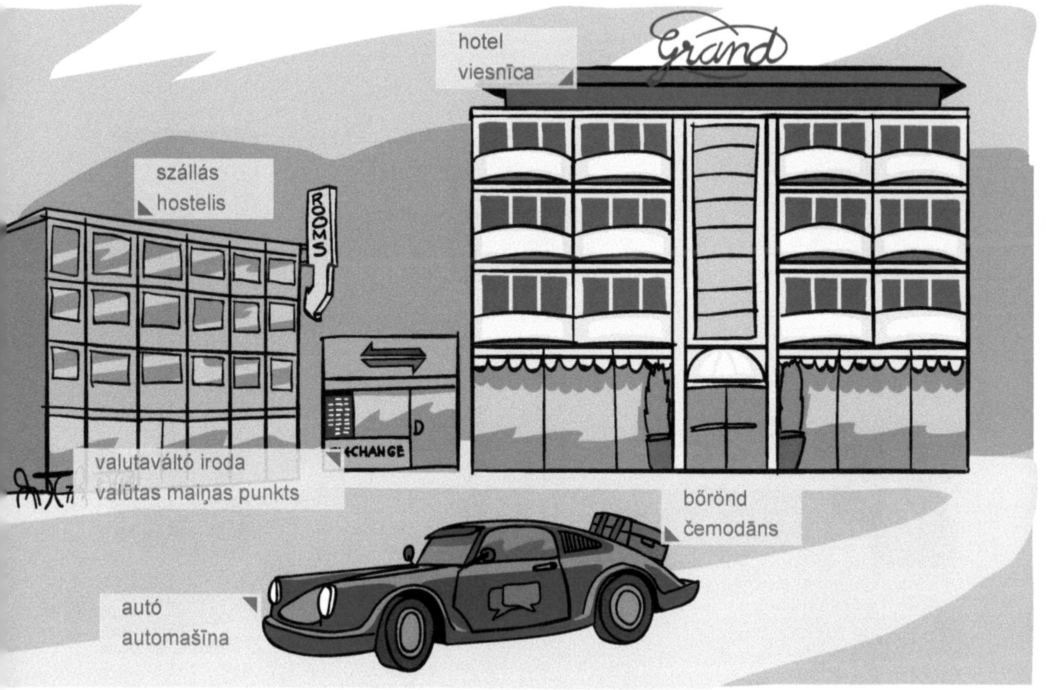

nyelv

Valoda

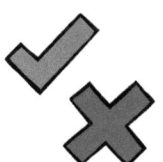

igen/nem

jā / nē

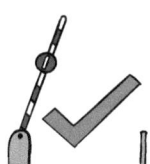

rendben

Okay

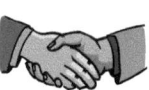

szia

Sveiki!

fordító

tulks

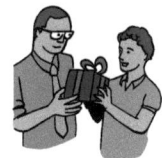

köszönöm

paldies

mennyibe kerül…?

Cik maksā…?

nem értem

Es nesaprotu

probléma

problēma

Jó estét!

Labvakar!

jó reggelt!

Labrīt!

jó éjszakát!

Ar labu nakti!

viszontlátásra

Uz redzēšanos

útirány

virziens

poggyász

bagāža

táska

soma

hátizsák

mugursoma

vendég

viesis

szoba

istaba

hálózsák

guļammaiss

sátor

telts

turista információ

tūrisma informācija

strand

pludmale

hitelkártya

kredītkarte

reggeli

brokastis

ebéd

pusdienas

vacsora

vakariņas

jegy

biļete

lift

lifts

bélyeg

pastmarka

határ

robeža

vám

muita

nagykövetség

vēstniecība

vízum

vīza

útlevél

pase

közlekedés
transports

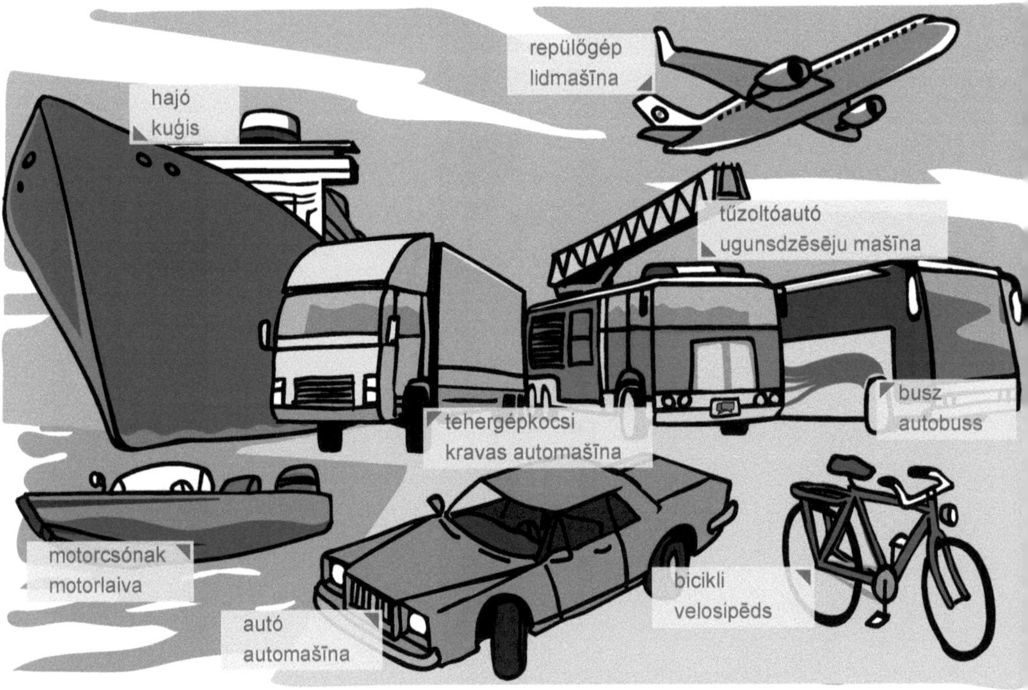
repülőgép
lidmašīna
hajó
kuģis
tűzoltóautó
ugunsdzēsēju mašīna
busz
autobuss
tehergépkocsi
kravas automašīna
motorcsónak
motorlaiva
bicikli
velosipēds
autó
automašīna

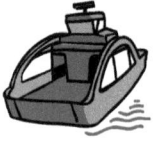

komp

prāmis

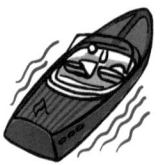

csónak

laiva

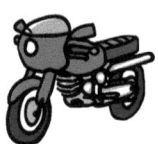

motorkerékpár

motocikls

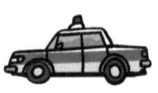

rendőrautó

policijas automašīna

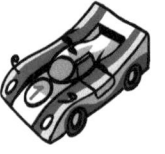

versenyautó

sacīkšu automobilis

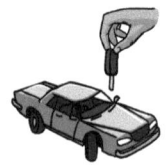

bérautó

nomas auto

telekocsi

auto koplietošana

vontató

evakuators

szemetes autó

atkritumu mašīna

motor

dzinējs

üzemanyag

benzīns

benzinkút

degvielas uzpildes stacija

közlekedési tábla

ceļa zīme

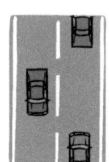

forgalom

satiksme

forgalmi dugó

sastrēgums

parkoló

stāvvieta

vonatállomás

dzelzceļa stacija

sínek

sliedes

vonat

vilciens

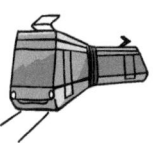

villamos

tramvajs

vagon

vagons

helikopter

helikopters

repülőtér

lidosta

torony

tornis

utas

pasažieris

konténer

konteiners

kartondoboz

kaste

taliga

ratiņi

kosár

grozs

felszáll / leszáll

pacelties / nosēsties

város
pilsēta

falu

ciems

városközpont

pilsētas centrs

ház

māja

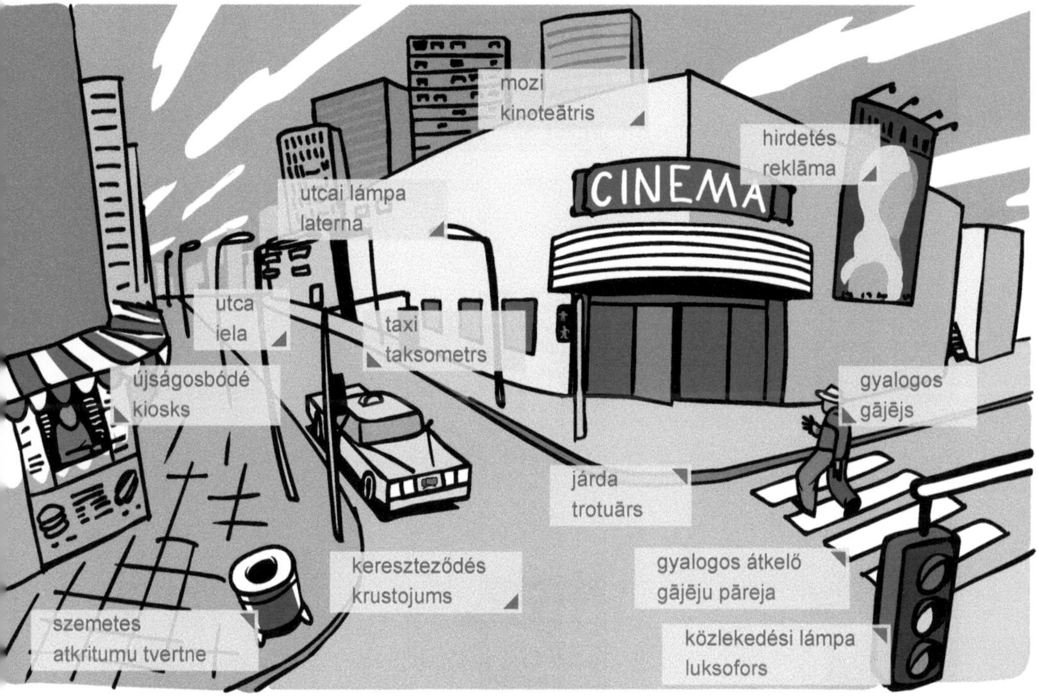

mozi
kinoteātris

hirdetés
reklāma

utcai lámpa
laterna

CINEMA

utca
iela

taxi
taksometrs

gyalogos
gājējs

újságosbódé
kiosks

járda
trotuārs

kereszteződés
krustojums

gyalogos átkelő
gājēju pāreja

szemetes
atkritumu tvertne

közlekedési lámpa
luksofors

kunyhó
....
būda

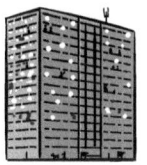

lakás
....
dzīvoklis

vonatállomás
....
dzelzceļa stacija

városháza
....
rātsnams

múzeum
....
muzejs

iskola
....
skola

egyetem
universitāte

bank
banka

kórház
slimnīca

hotel
viesnīca

gyógyszertár
aptieka

iroda
birojs

könyvesbolt
grāmatnīca

üzlet
veikals

virágüzlet
ziedu veikals

szupermarket
lielveikals

piac
tirgus

áruház
tirdzniecības centrs

halárus
zivju tirgotājs

bevásárló központ
tirdzniecības centrs

kikötő
osta

park

parks

pad

sols

híd

tilts

lépcső

kāpnes

metró

metro

alagút

tunelis

buszmegálló

autobusa pieturvieta

bár

bārs

étterem

restorāns

postaláda

pastkastīte

utcatábla

ielas nosaukuma plāksne

parkoló óra

stāvlaika skaitītājs

állatkert

zooloģiskais dārzs

uszoda

peldbaseins

mecset

mošeja

gazdálkodás
zemnieku saimniecība

környezetszennyezés
vides piesārņojums

temető
kapsēta

templom
baznīca

játszótér
spēļu laukums

szentély
templis

táj
ainava

levél
lapa

útjelző tábla
ceļrādis

út
ceļš

rét
pļava

kő
akmens

fa
koks

túrázó
ceļotājs

folyó
upe

fű
zāle

virág
puķe

völgy

ieleja

domb

kalns

tó

ezers

erdő

mežs

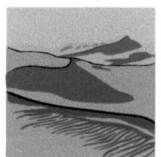

sivatag

tuksnesis

vulkán

vulkāns

kastély

pils

szivárvány

varavīksne

gomba

sēne

pálmafa

palma

szúnyog

moskīts

légy

muša

hangya

skudra

méhecske

bite

pók

zirneklis

bogár
vabole

béka
varde

mókus
vāvere

sündisznó
ezis

nyúl
zaķis

bagoly
pūce

madár
putns

hattyú
gulbis

vaddisznó
meža cūka

szarvas
briedis

rénszarvas
alnis

gát
aizsprosts

szélturbina
vēja ģenerators

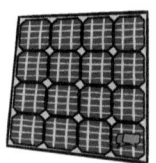

napelem
saules baterija

éghajlat
klimats

táj - ainava

pincér
viesmīlis

menü
ēdienkarte

szék
krēsls

leves
zupa

pizza
pica

evőeszköz
galda piederumi

terítő
galdauts

előétel
uzkoda

főétel
pamatēdiens

desszert
deserts

italok
dzērieni

étel
ēdiens

üveg
pudele

gyorsétel

ātrās uzkodas

gyorsétel

ielu uzkodas

teás kanna

tējkanna

cukortartó

cukurtrauks

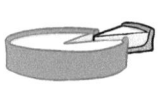

adag

porcija

eszpresszógép

espresso kafijas automāts

bárszék

bāra krēsls

számla

rēķins

tálca

paplāte

kés

nazis

villa

dakša

kanál

karote

teáskanál

tējkarote

szalvéta

salvete

pohár

glāze

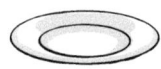

tányér
škīvis

leveses tányér
zupas škīvis

csészealj
apakštase

szósz
mērce

sószóró
sāls trauciņš

borsőrlő
piparu dzirnaviņas

ecet
etiķis

étkezési olaj
eļļa

fűszerek
garšvielas

ketchup
kečups

mustár
sinepes

majonéz
majonēze

szupermarket
lielveikals

különleges ajánlat
piedāvājums
FOR
ügyfél
klients
tejtermék
piena produkti
gyümölcsök
augļi
bevásárló kocsi
iepirkumu ratiņi

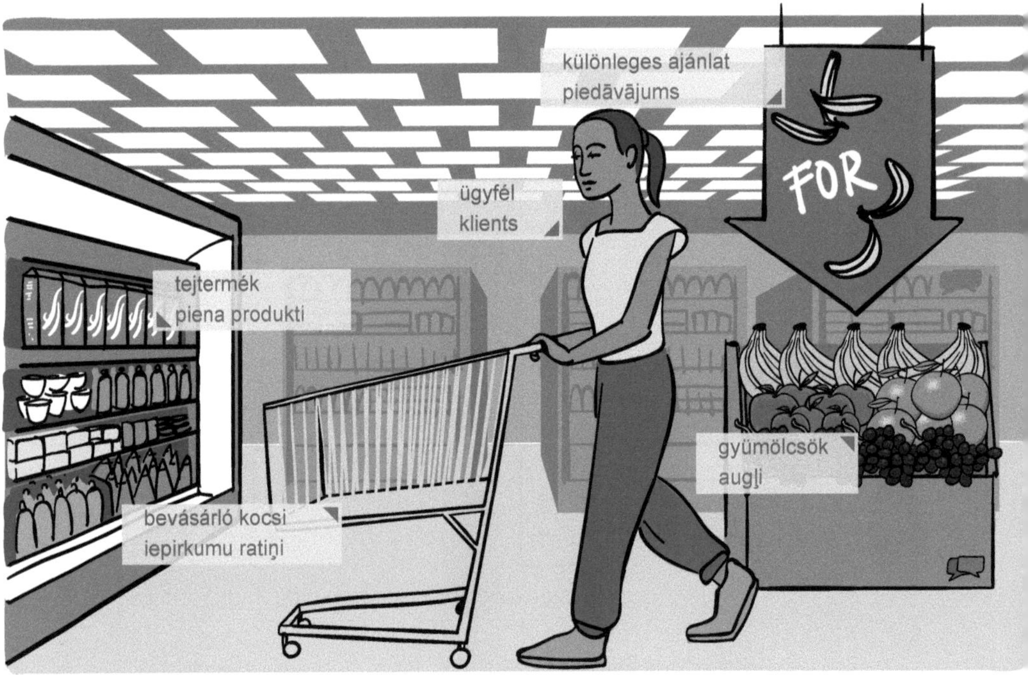

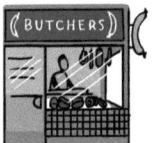

BUTCHERS

hentes

kautuve

BAKERY

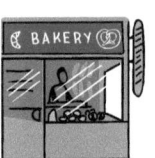

pékség

maizes veikals

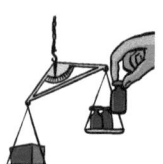

nyom valamennyit

svērt

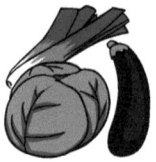

zöldség

dārzeņi

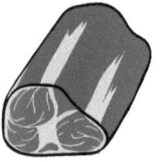

hús

gaļa

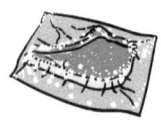

fagyasztott áru

saldēti produkti

felvágott

aukstās gaļas uzkodas

konzerv

konservi

mosópor

pulveris

édességek

saldumi

háztartási termék

mājsaimniecības preces

tisztítószerek

tīrīšanas līdzeklis

eladó

pārdevēja

pénztárgép

kase

eladó

kasieris

bevásárló lista

iepirkumu saraksts

nyitva tartás

darba laiks

levéltárca

maks

hitelkártya

kredītkarte

zacskó

soma

műanyag zacskó

maisiņš

víz
ūdens

gyümölcslé
sula

tej
piens

kóla
kola

bor
vīns

sör
alus

alkohol
alkohols

kakaó
kakao

tea
tēja

kávé
kafija

eszpresszó
espresso

kapucsínó
kapučīno

banán

banāns

alma

ābols

narancs

apelsīns

sárgadinnye

melone

citrom

citrons

sárgarépa

burkāns

fokhagyma

ķiploks

bambusz

bambuss

hagyma

sīpols

gomba

sēne

magvak

rieksti

nokedli

makaroni

spagetti

spageti

rizs

rīsi

saláta

salāti

sült krumpli

frī kartupeļi

sült burgonya

cepti kartupeļi

pizza

pica

hamburger

hamburgers

szendvics

sviestmaize

hússzelet

šnicele

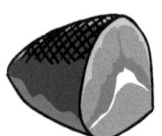

sonka

šķiņķis

szalámi

salami

kolbász

desa

csirke

vista

pecsenye

cepetis

hal

zivs

zabkása
....
auzu pārslas

müzli
....
muslis

kukoricapehely
....
brokastu pārslas

liszt
....
milti

croissant
....
radziņš

zsemle
....
brokastu maizītes

kenyér
....
maize

pirítós kenyér
....
tostermaize

keksz
....
cepumi

vaj
....
sviests

túró
....
biezpiens

sütemény
....
kūka

tojás
....
ola

tükörtojás
....
cepta ola

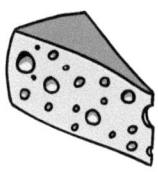

sajt
....
siers

jégkrém

saldējums

cukor

cukurs

méz

medus

lekvár

marmelāde

mogyorókrém

riekstu krēms

curry

karijs

gazdálkodás
zemnieku saimniecība

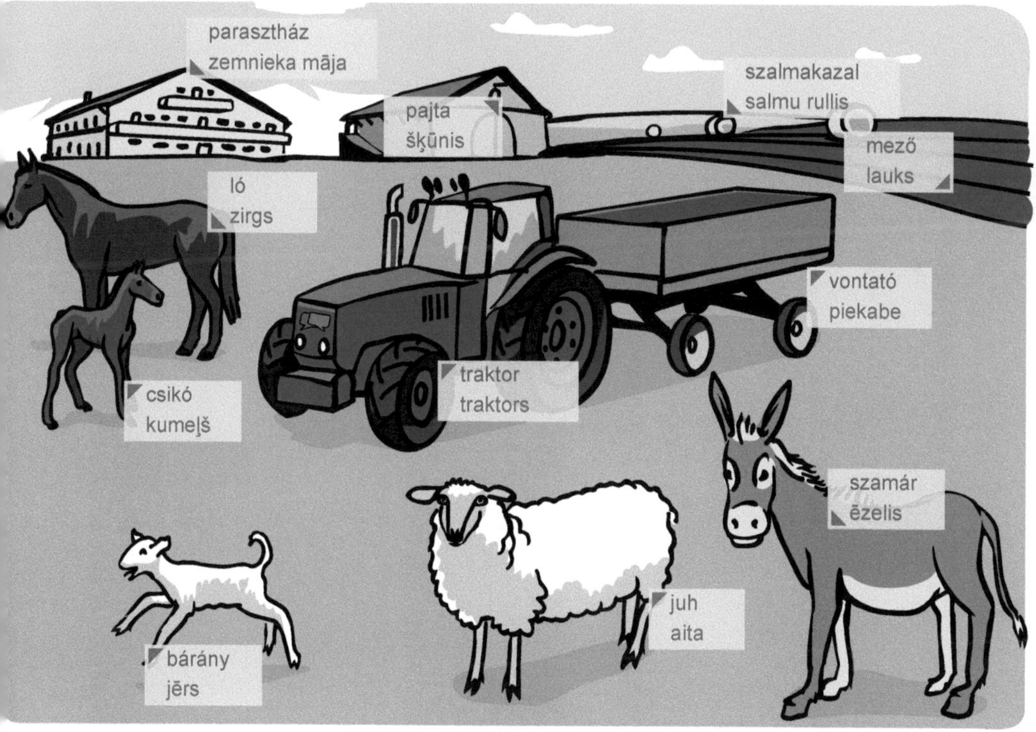
parasztház
zemnieka māja
pajta
šķūnis
szalmakazal
salmu rullis
mező
lauks
ló
zirgs
vontató
piekabe
traktor
traktors
csikó
kumeļš
szamár
ēzelis
juh
aita
bárány
jērs

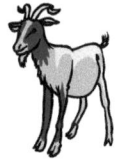

kecske

kaza

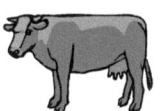

tehén

govs

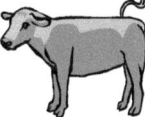

borjú

teļš

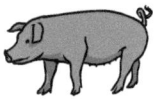

malac

cūka

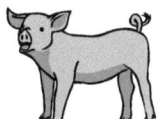

kismalac

sivēns

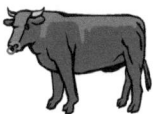

bika

bullis

liba
zoss

kacsa
pīle

csibe
cālis

tojó
vista

kakas
gailis

patkány
žurka

macska
kaķis

egér
pele

ökör
vērsis

kutya
suns

kutyaház
suņa būda

kerti öntözőcső
dārza šļūtene

öntözőkanna
lejkanna

kasza
izkapts

eke
arkls

sarló

sirpis

kapa

kaplis

vasvilla

mēslu dakša

fejsze

cirvis

talicska

ķerra

teknő

sile

tejes kancsó

piena kanna

zsák

maiss

kerítés

žogs

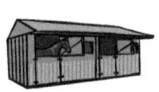

istálló

kūts

üvegház

siltumnīca

talaj

augsne

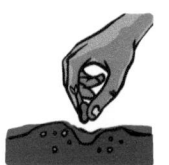

vetőmag

sēklas

trágya

mēslojums

cséplőgép

kombains

szüretelni

noväkt ražu

betakarítás

raža

yamgyökér

jamss

búza

kvieši

szója

soja

burgonya

kartupelis

kukorica

kukurūza

repcemag

rapsis

gyümölcsfa

auglu koks

manióka

manioka

gabona

labība

ház

māja

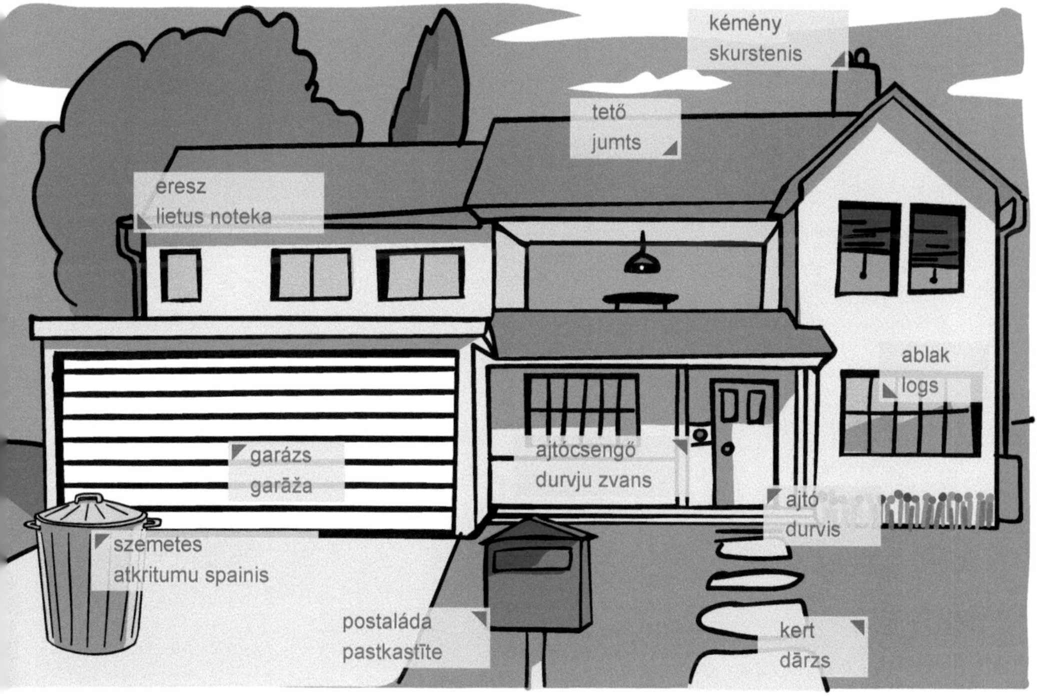

kémény
skurstenis
tető
jumts
eresz
lietus noteka
ablak
logs
garázs
garāža
ajtócsengő
durvju zvans
ajtó
durvis
szemetes
atkritumu spainis
postaláda
pastkastīte
kert
dārzs

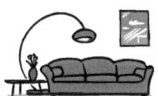

nappali
viesistaba

fürdőszoba
vannas istaba

konyha
virtuve

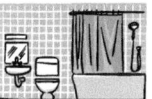

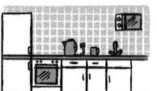

hálószoba
guļamistaba

gyerekszoba
bērnu istaba

ebédlő
ēdamistaba

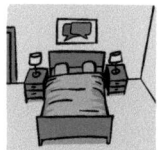

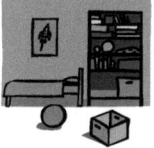

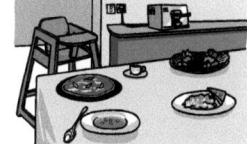

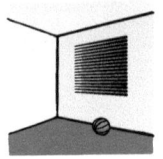

padló
....
grīda

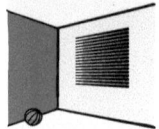

fal
....
siena

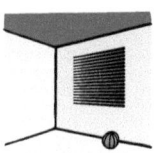

plafon
....
griesti

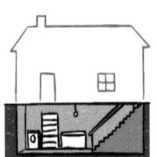

pince
....
pagrabs

szauna
....
sauna

erkély
....
balkons

terasz
....
terase

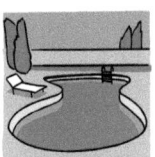

medence
....
baseins

fűnyíró
....
zāles pļāvējs

lepedő
....
gultas veļa

ágytakaró
....
sega

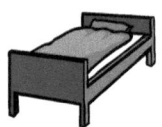

ágy
....
gulta

seprű
....
slota

vödör
....
spainis

kapcsoló
....
slēdzis

nappali
viesistaba

tapéta
tapetes
kép
attēls
lámpa
lampa
polc
plaukts
szekrény
skapis
televízió
televizors
kandalló
kamīns
virág
puķe
párna
spilvens
kanapé
dīvāns
váza
vāze
távirányító
tālvadības pults

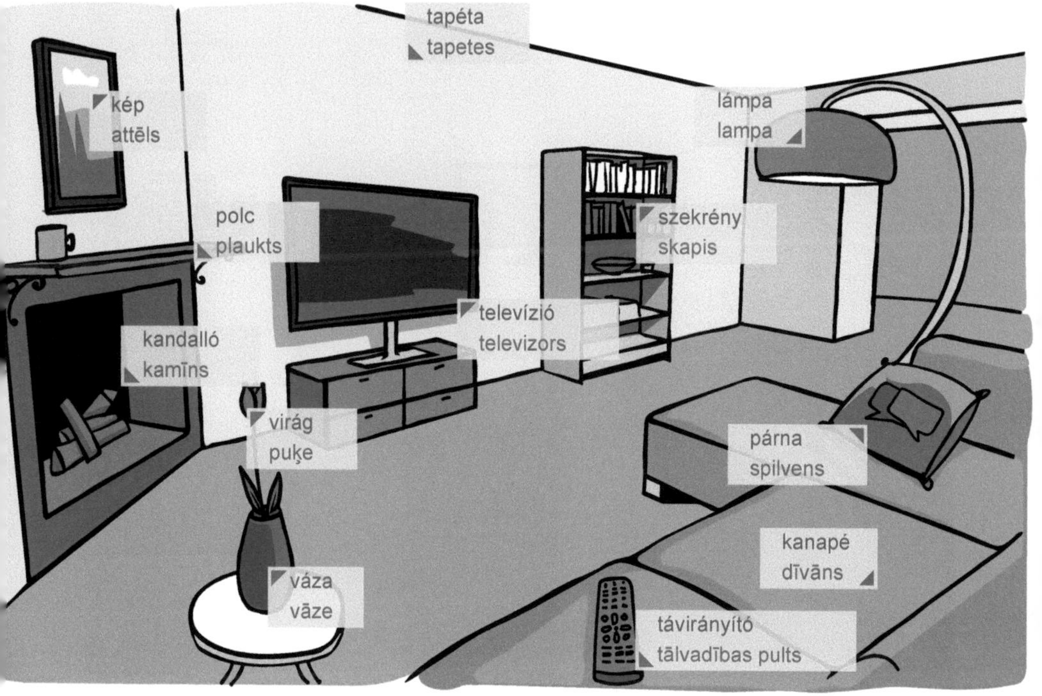

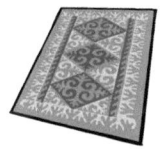

szőnyeg
paklājs

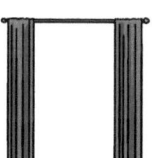

függöny
aizkars

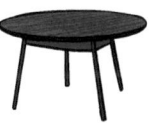

asztal
galds

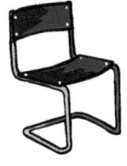

szék
krēsls

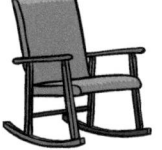

hintaszék
šūpuļkrēsls

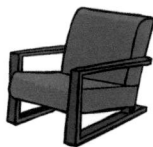

karosszék
atpūtas krēsls

könyv
grāmata

takaró
sega

dekoráció
dekorācija

tűzifa
malka

film
filma

hifi
mūzikas centrs

kulcs
atslēga

újság
avīze

festmény
glezna

poszter
plakāts

rádió
radio

jegyzetfüzet
pierakstu blociņš

porszívó
putekļu sūcējs

kaktusz
kaktuss

gyertya
svece

konyha
virtuve

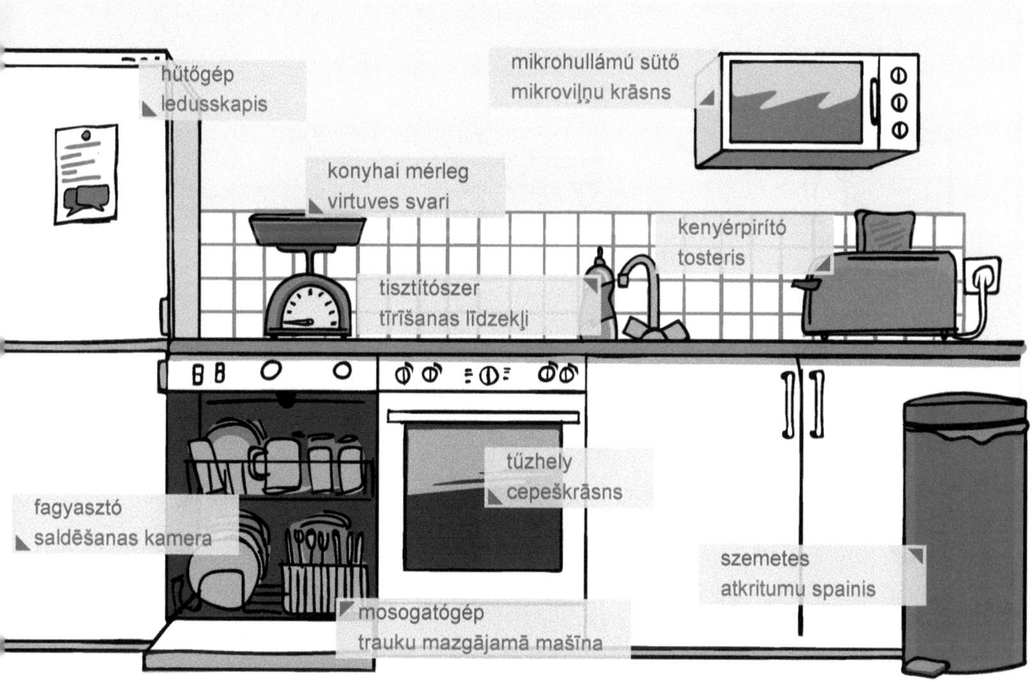

hűtőgép
ledusskapis
mikrohullámú sütő
mikroviļņu krāsns
konyhai mérleg
virtuves svari
kenyérpirító
tosteris
tisztítószer
tīrīšanas līdzekļi
tűzhely
cepeškrāsns
fagyasztó
saldēšanas kamera
szemetes
atkritumu spainis
mosogatógép
trauku mazgājamā mašīna

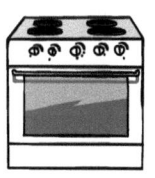

tűzhely
....
plīts

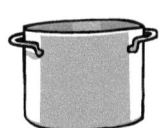

edény
....
pods

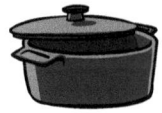

vasfazék
....
katls

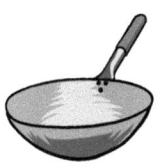

wok / kadai
....
Wok panna

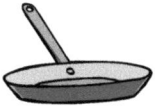

serpenyő
....
panna

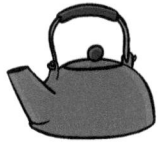

vízforraló
....
elektriskā tējkanna

páróló

tvaika katls

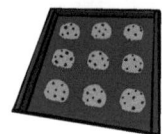

tepsi

cepešpanna

étkészlet

trauki

bögre

krūze

tálka

bļoda

evőpálcika

irbulīši

merőkanál

kauss

keverőlapátka

lāpstiņa

habverő

putošanas slotiņa

szűrő

sietiņš

szita

siets

reszelő

rīve

mozsár

piesta

grillsütő

grilēt

kandalló

atklāts pavards

vágódeszka

dēlis

sodrófa

mīklas rullis

dugóhúzó

korķu viļķis

doboz

bundža

konzervnyitó

konservu nazis

edényfogó

virtuves cimdi

mosogató

izlietne

kefe

birste

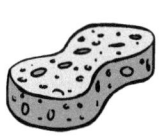

szivacs

sūklis

turmixgép

mikseris

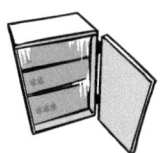

mélyhűtő

saldētava

cumisüveg

bērna pudelīte

csap

ūdenskrāns

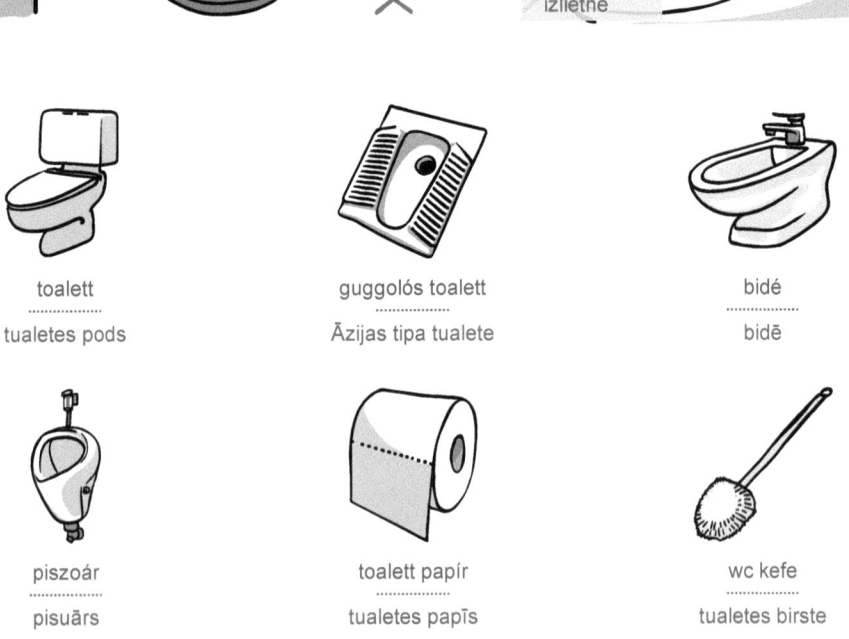

fürdőszoba
vannas istaba

zuhany
duša
fűtés
apkure
törölköző
dvielis
zuhanyfüggöny
dušas aizkari
habfürdő
vannas putas
kád
vanna
pohár
glāze
mosógép
veļas mašīna
csap
ūdenskrāns
csempe
flīzes
bili
podiņš
mosogató
izlietne

toalett

tualetes pods

guggolós toalett

Āzijas tipa tualete

bidé

bidē

piszoár

pisuārs

toalett papír

tualetes papīs

wc kefe

tualetes birste

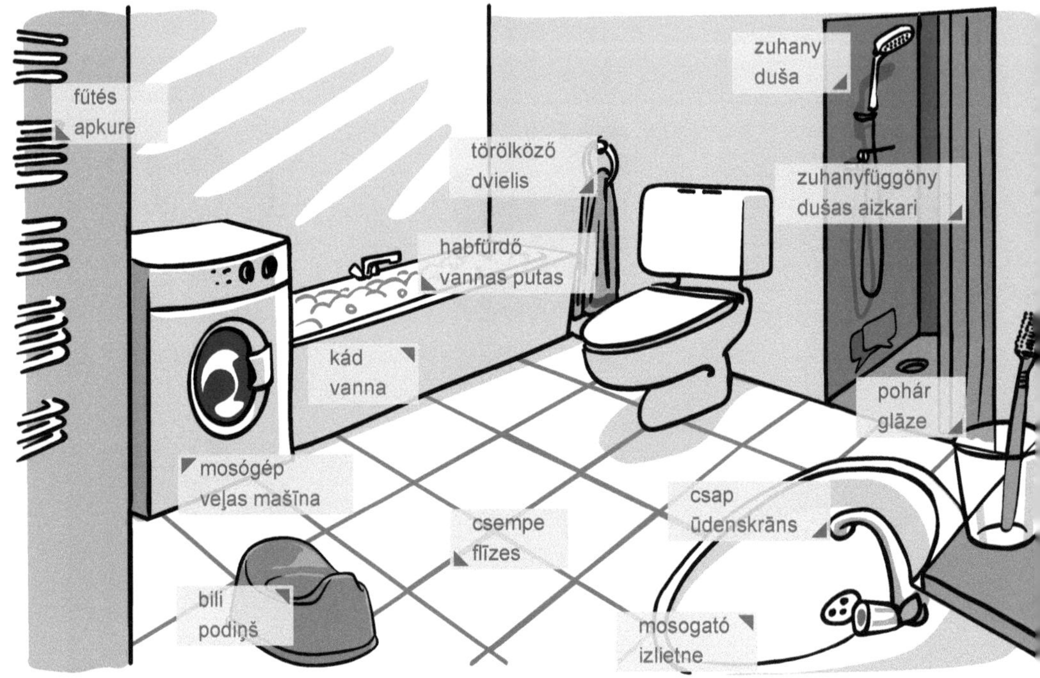

fogkefe
zobu birste

fogkrém
zobu pasta

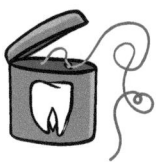

fogselyem
zobu diegs

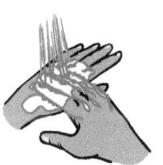

mosni
mazgāt

kézi zuhany
rokas duša

intimzuhany
duša

mosdótál
bļoda

hátmosó kefe
muguras mazgāšanas birste

szappan
ziepes

tusfürdő
dušas želeja

sampon
šampūns

mosdókesztyű
mazgāšanas drāna

lefolyó
noteka

krém
krēms

dezodor
dezodorants

tükör
....
spogulis

kézitükör
....
spogulītis

borotva
....
skuveklis

borotvahab
....
skūšanās putas

borotválkozás utáni
arcszesz
losjons pēc skūšanās

fésű
....
ķemme

hajkefe
....
matu suka

hajszárító
....
matu fēns

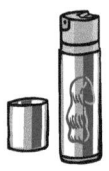

hajlakk
....
matu laka

smink
....
grima komplekts

ajakrúzs
....
lūpu krāsa

körömlakk
....
nagulaka

vatta
....
vate

körömvágó olló
....
šķērītes

parfüm
....
smaržas

neszesszer

kosmētikas maks

sámli

ķeblītis

mérleg

svari

köntös

haláts

gumikesztyű

tīrīšanas cimdi

tampon

tampons

egészségügyi betét

pakete

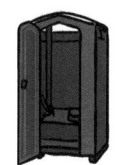

vegyi WC

ķīmiskā tualete

gyerekszoba
bērnu istaba

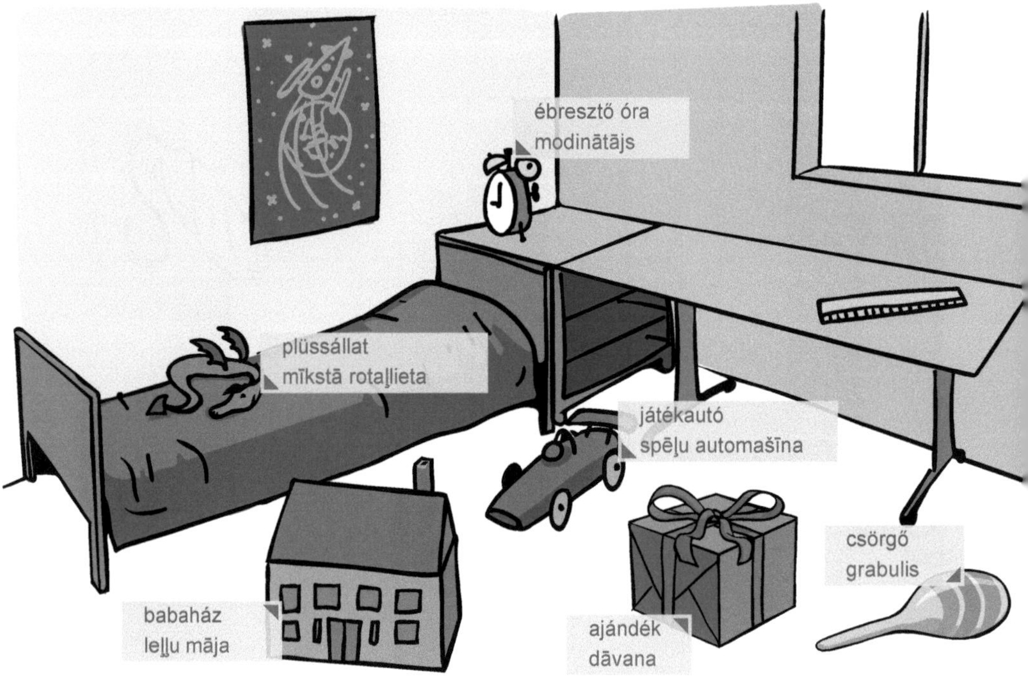
ébresztő óra
modinātājs
plüssállat
mīkstā rotaļlieta
játékautó
spēļu automašīna
csörgő
grabulis
babaház
leļļu māja
ajándék
dāvana

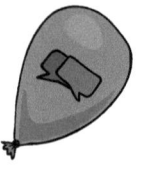

lufi

balons

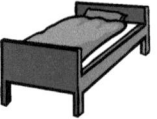

ágy

gulta

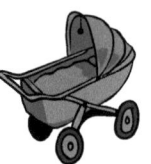

babakocsi

bērnu ratiņi

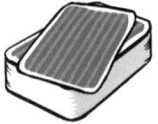

kártyapakli

kārtis

kirakós játék

puzle

SUPER
MEGA

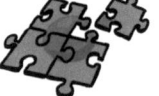

képregény

komikss

építőkockák

LEGO klucīši

építőelem

klucīši

szuperhős

varoņu figūra

rugdalózó

rāpulītis

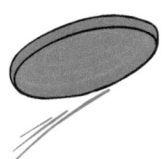

frizbi

lidojošais šķīvītis

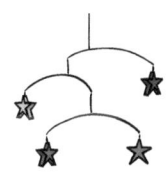

zenélő forgó

muzikālais karuselis

társasjáték

galda spēle

kocka

metamais kauliņš

modellvasút

rotaļu dzelzceļš

cumi

māneklis

zsúr

ballīte

képeskönyv

bilžu grāmata

labda

bumba

baba

lelle

játszani

spēlēt

homokozó

smilšu kaste

hinta

šūpoles

játékok

rotaļlietas

videójáték konzol

spēļu konsole

tricikli

trīsritenis

teddi maci

plīša lācītis

ruhásszekrény

drēbju skapis

ruházat

apģērbs

zokni

īszeķes

harisnya

zeķes

harisnyanadrág

zeķbikses

sál
šalle

esernyő
lietussargs

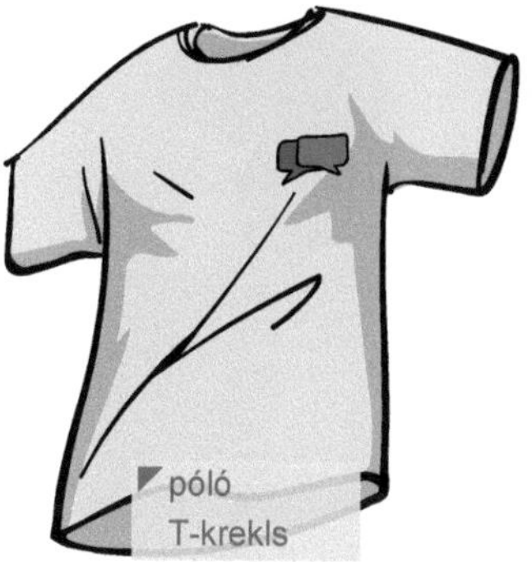

póló
T-krekls

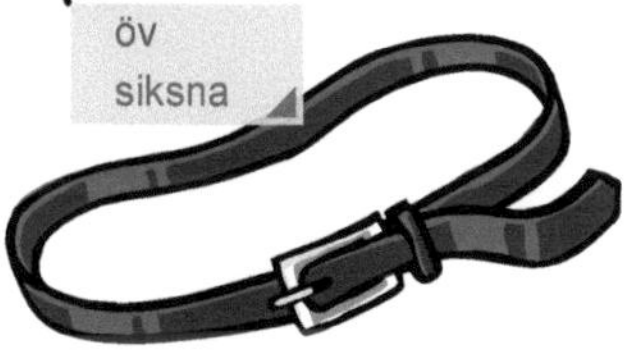

öv
siksna

csizma
zābaks

papucs
čības

tornacipő
botas

szandál
....
sandales

cipő
....
kurpes

gumicsizma
....
gumijas zābaki

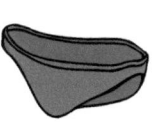

alsónadrág
....
apakšbikses

melltartó
....
krūšturis

mellény
....
apakškrekls

ruházat - apģērbs   45

body
bodijs

nadrág
bikses

farmer
džinsi

szoknya
svārki

blúz
blūze

ing
krekls

pulóver
pulovers

kapucnis pulóver
džemperis

blézer
žakete

dzseki
jaka

kabát
mētelis

esőkabát
lietus mētelis

kosztüm
kostīms

ruha
kleita

esküvői ruha
kāzu kleita

öltöny
uzvalks

hálóing
naktskrekls

pizsama
pidžama

szári
sari

fejkendő
lakats

turbán
turbāns

burka
burka

kaftán
kaftāns

abaya
abaja

fürdőruha
peldkostīms

fürdőnadrág
peldbikses

rövidnadrág
šorti

tréningruha
treniņtērps

kötény
priekšauts

kesztyű
cimdi

gomb

poga

szemüveg

brilles

karkötő

rokassprādze

nyaklánc

kaklarota

gyűrű

gredzens

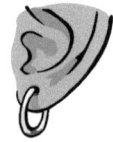

fülbevaló

auskars

sapka

cepure

vállfa

drēbju pakaramais

kalap

platmale

nyakkendő

kaklasaite

cipzár

rāvējslēdzējs

bukósisak

ķivere

nadrágtartó

bikšturi

iskolai egyenruha

skolas forma

egyenruha

uniforma

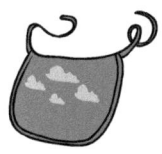

előke

priekšautiņš

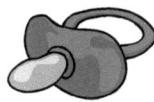

cumi

māneklis

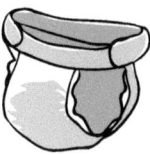

pelenka

autiņbiksītes

iroda
birojs

szerver
serveris
irattartó szekrény
dokumentu skapis
papír
papīrs
nyomtató
printeris
képernyő
monitors
íróasztal
rakstāmgalds
egér
pele
mappa
dokumentu vāki
billentyűzet
klaviatūra
papír-hulladék gyűjtő
papīrgrozs
számítógép
dators
szék
krēsls

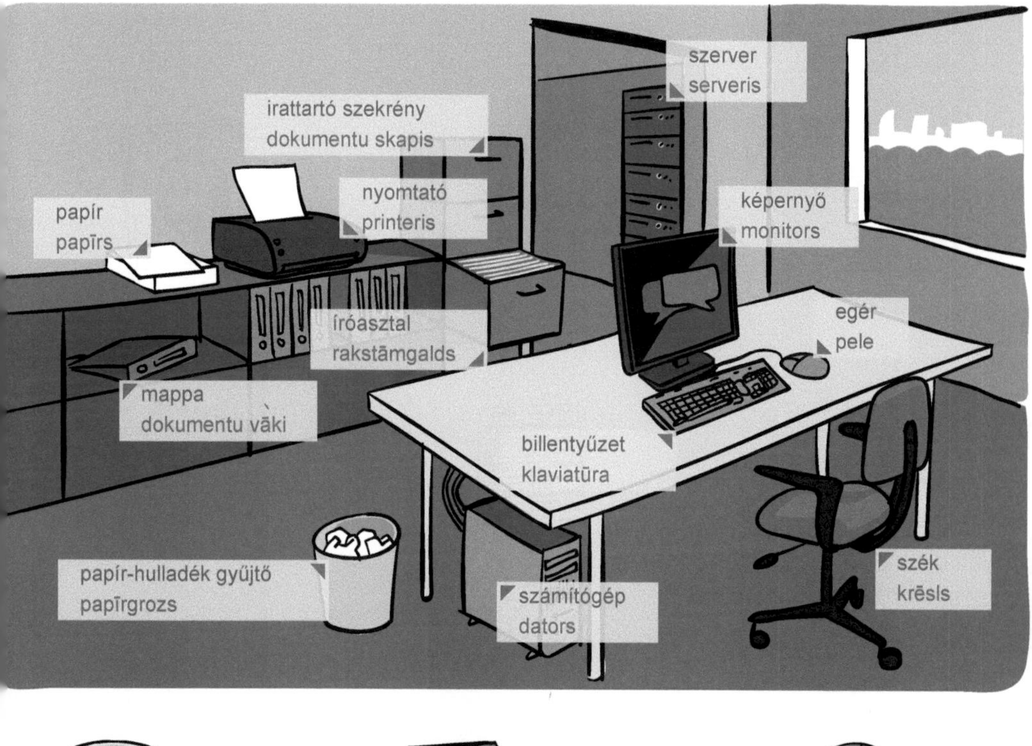

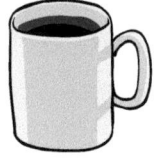

kávéscsésze

kafijas krūze

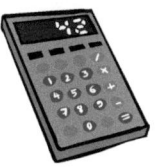

számológép

kalkulators

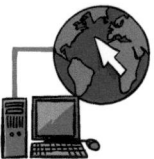

internet

internets

laptop

portatīvais dators

levél

vēstule

üzenet

ziņa

mobiltelefon

mobilais tālrunis

hálózat

tīkls

fénymásoló

kopētājs

szoftver

programmatūra

telefon

telefons

konnektor

rozete

faxgép

faksa aparāts

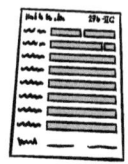

formanyomtatvány

formulārs

dokumentum

dokuments

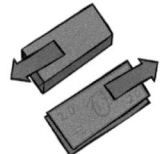

venni

pirkt

fizetni

samaksāt

kereskedni

tirgot

pénz

nauda

dollár

dolārs

euró

eiro

jen

jēna

rubel

rublis

svájci frank

franks

kínai jüan

juaņa renminbi

rúpia

rūpija

bankautomata

bankomāts

valutaváltó iroda

valūtas maiņas punkts

arany

zelts

ezüst

sudrabs

olaj

nafta

energia

enerģija

ár

cena

szerződés

līgums

adó

nodoklis

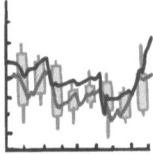

részvény

akcija

dolgozni

strādāt

munkavállaló

darbinieks

munkaadó

darba devējs

gyár

fabrika

üzlet

veikals

foglalkozások
profesijas

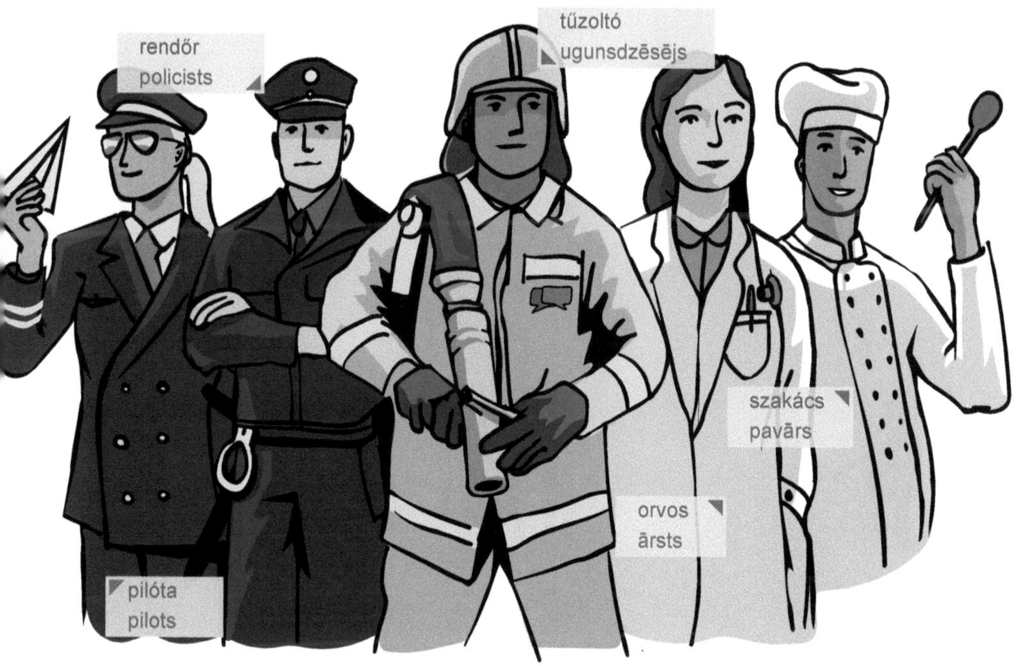
rendőr
policists
tűzoltó
ugunsdzēsējs
szakács
pavārs
orvos
ārsts
pilóta
pilots

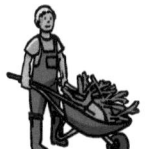

kertész

dārznieks

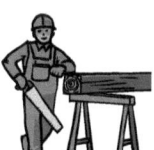

kárpitos

galdnieks

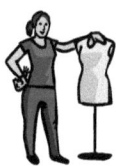

varrónő

šuvēja

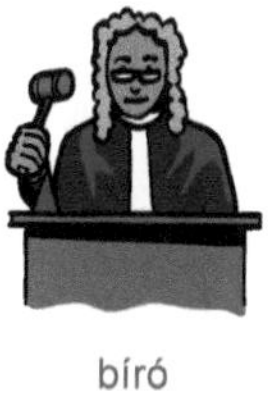

bíró

tiesnesis

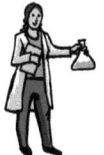

vegyész

ķīmiķis

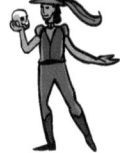

színész

aktieris

buszsofőr

autobusa vadītājs

taxisofőr

taksometra vadītājs

halász

zvejnieks

bejárónő

apkopēja

tetőfedő

jumiķis

pincér

viesmīlis

vadász

mednieks

festő

gleznotājs

pék

maiznieks

villanyszerelő

elektriķis

építőmunkás

celtnieks

mérnök

inženieris

hentes

miesnieks

vízvezeték-szerelő

skārdnieks

postás

pastnieks

katona
karavīrs

építész
arhitekts

eladó
kasieris

virágos
florists

fodrász
frizieris

kalauz
konduktors

műszerész
mehāniķis

kapitány
kapteinis

fogorvos
zobārsts

tudós
zinātnieks

rabbi
rabīns

imám
imāms

szerzetes
mūks

lelkész
mācītājs

szerszámok
instrumenti

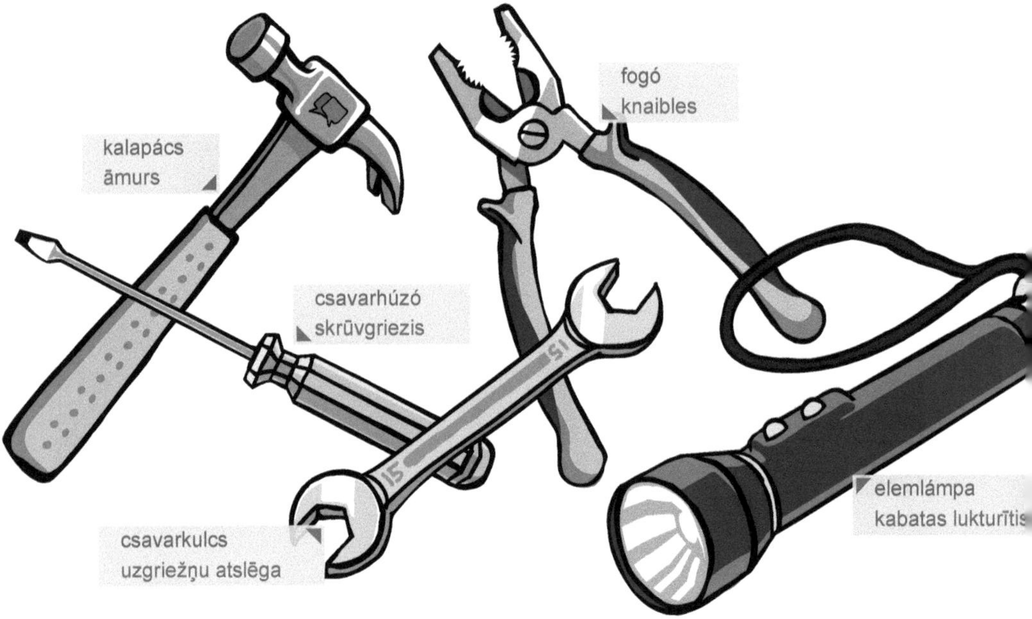

fogó
knaibles
kalapács
āmurs
csavarhúzó
skrūvgriezis
elemlámpa
kabatas lukturītis
csavarkulcs
uzgriežņu atslēga

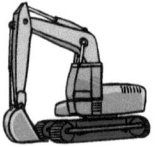

markológép

ekskavators

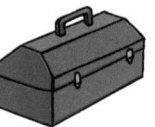

szerszámosláda

instrumentu kaste

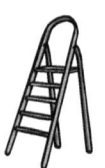

vödör

kāpnes

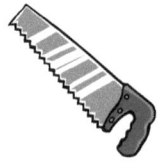

fűrész

zāģis

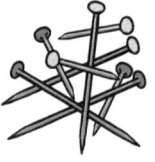

szög

naglas

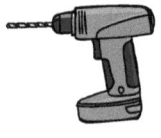

fúrógép

urbis

megjavítani	lapát	A francba!
remontēt	lāpsta	Velns!

szemétlapát	festékesdoboz	csavar
liekšķere	krāsas bundža	skrūves

hangszerek
mūzikas instrumenti

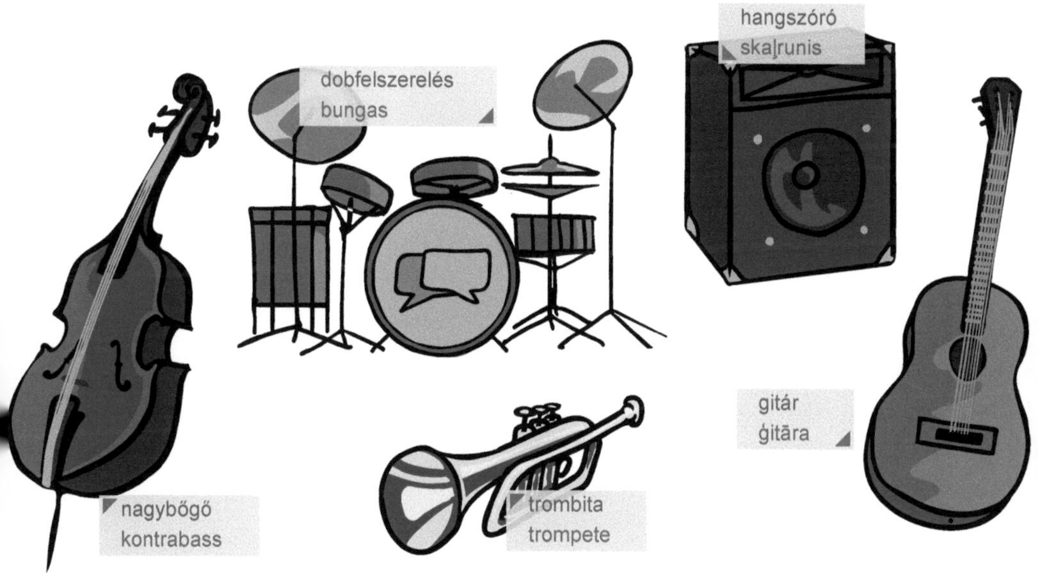

hangszóró
skaļrunis

dobfelszerelés
bungas

nagybőgő
kontrabass

trombita
trompete

gitár
ģitāra

zongora

klavieres

hegedű

vijole

basszusgitár

bass

üstdob

timpāni

dobok

bungas

digitális zongora

digitālās klavieres

szaxofon

saksofons

fuvola

flauta

mikrofon

mikrofons

hangszerek - mūzikas instrumenti

állatkert
zooloģiskais dārzs

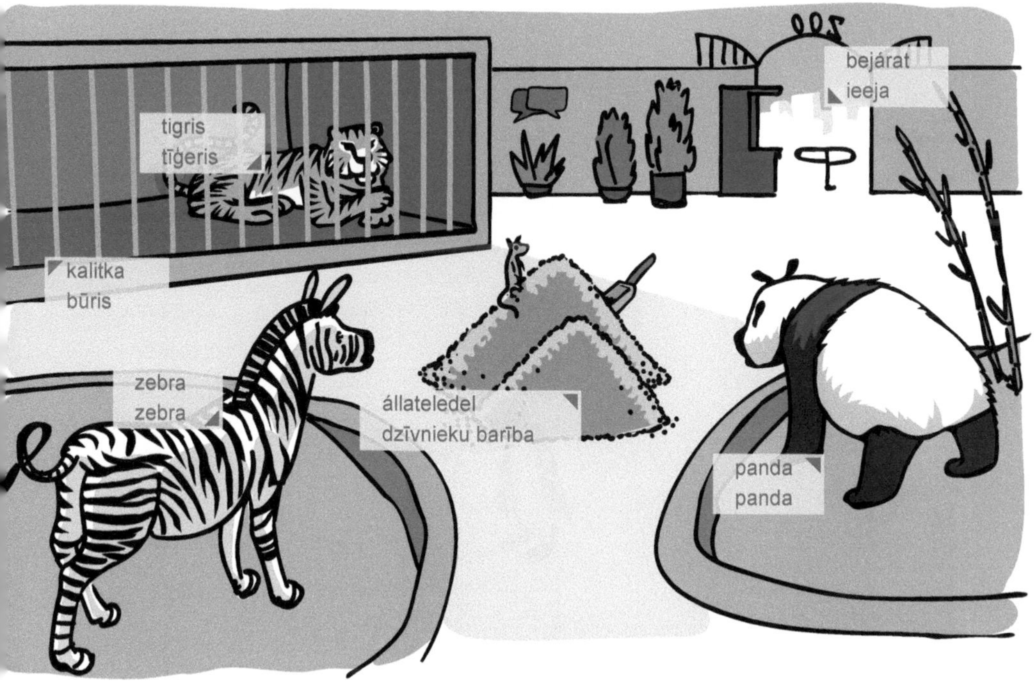

bejárat
ieeja
tigris
tīģeris
kalitka
būris
zebra
zebra
állateledel
dzīvnieku barība
panda
panda

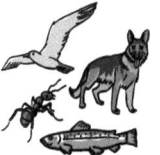

állatok

dzīvnieki

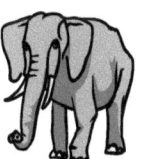

elefánt

zilonis

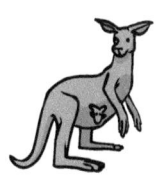

kenguru

ķengurs

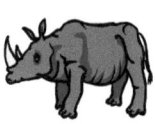

orrszarvú

degunradzis

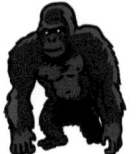

gorilla

gorilla

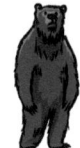

medve

lācis

teve

kamielis

strucc

strauss

oroszlán

lauva

majom

pērtiķis

flamingó

flamings

papagáj

papagailis

jegesmedve

polārlācis

pingvin

pingvīns

cápa

haizivs

páva

pāvs

kígyó

čūska

krokodil

krokodils

állatgondozó

zoodārza sargs

fóka

ronis

jaguár

jaguārs

pónié
ponijs

leopárd
leopards

víziló
nīlzirgs

zsiráf
žirafe

sas
ērglis

vaddisznó
meža cūka

hal
zivs

teknős
bruņurupucis

rozmár
valzirgs

róka
lapsa

gazella
gazele

amerikai futball
amerikāņu futbols

kerékpározás
riteņbraukšana

tenisz
teniss

kosárlabda
basketbols

úszás
peldēšana

boksz
bokss

jégkorong
hokejs

futball	tollas	atlétika
futbols	badmintons	vieglatlētika
kézilabda	síelés	lovaspóló
rokas bumba	slēpošana	polo

ugrani
lēkt

ölelni
apskaut

nevetni
smieties

sétálni
iet

énekelni
dziedāt

álmodni
sapņot

dicsérni
lūgt

csókolni
skūpstīt

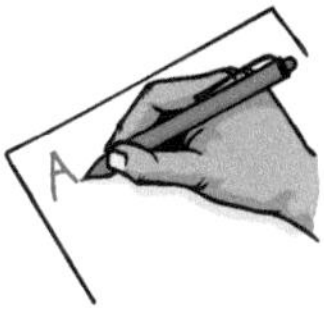

írni
rakstīt

rajzolni
zīmēt

mutatni
rādīt

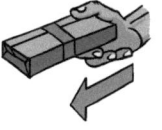

tolni
spiest

adni
dot

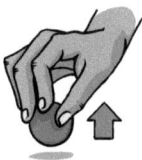

vinni
ņemt

birtokolni

būt

csinálni

darīt

lenni

būt

állni

stāvēt

futni

skriet

húzni

vilkt

hajít

mest

esni

krist

hazudni

gulēt

várni

gaidīt

vinni

nest

ülni

sēdēt

felvenni

uzģērbt

aludni

gulēt

felébredni

pamosties

ránézni
skatīties

sírni
raudāt

simogat
glāstīt

fésülni
ķemmēt

beszélni
runāt

megérteni
saprast

kérdezni
jautāt

hallgatni
dzirdēt

inni
dzert

enni
ēst

takarítani
sakārtot

szeretni
mīlēt

főzni
vārīt

vezetni
braukt

szállni
lidot

vitorlázni

burot

számol

rēķināt

olvasni

lasīt

tanulni

mācīties

dolgozni

strādāt

házasodni

precēties

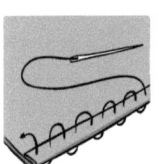

varrni

šūt

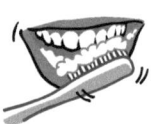

fogat mosni

tīrīt zobus

ölni

nogalināt

dohányozni

smēķēt

küldeni

sūtīt

nagymama
vecāmāte

nagypapa
vectēvs

apa
tēvs

anya
māte

kisbaba
mazulis

lány
meita

fiú
dēls

vendég

viesis

nagynéni

tante

nagybácsi

onkulis

fiútestvér

brālis

lánytestvér

māsa

test

ķermenis

homlok
piere
szem
acs
váll
plecs
ujj
pirksts
arc
seja
áll
zods
kéz
roka
láb
kāja
mell
krūtis
kar
roka

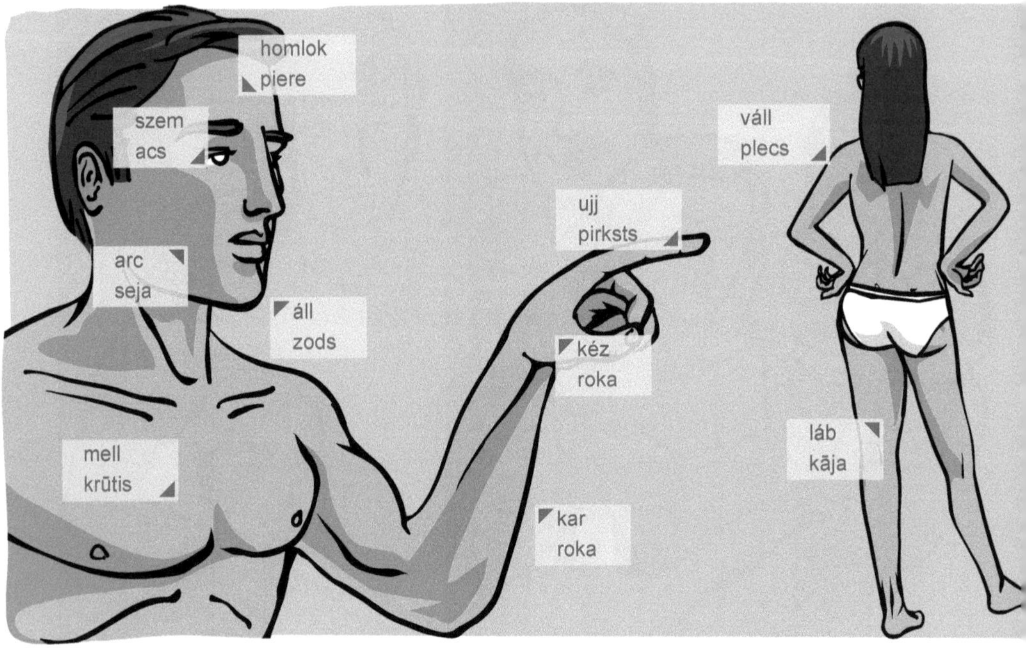

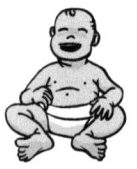

kisbaba
mazulis

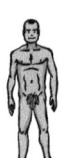

ember
vīrietis

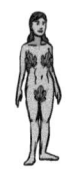

nő
sieviete

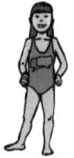

lány
meitene

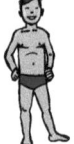

fiú
zēns

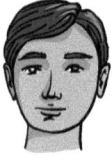

fej
galva

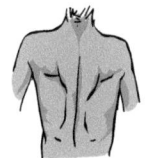

hát

mugura

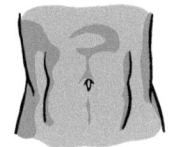

has

vēders

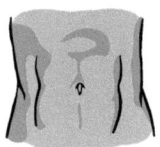

köldök

naba

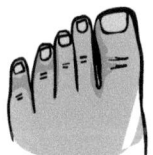

lábujj

kājas pirksts

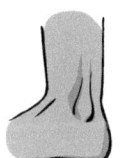

sarok

papēdis

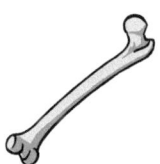

csont

kauls

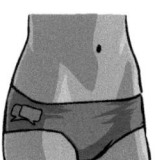

csípő

gurns

térd

celis

könyök

elkonis

orr

deguns

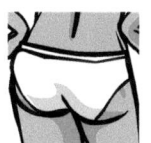

fenék

dibens

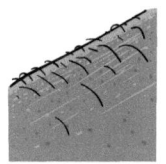

bőr

āda

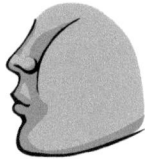

orca

vaigs

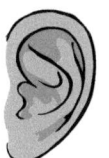

fül

auss

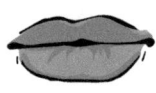

ajak

lūpa

száj
mute

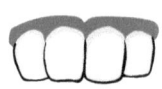

fog
zobs

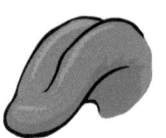

nyelv
mēle

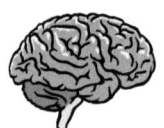

agy
smadzenes

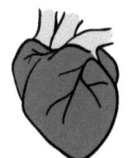

szív
sirds

izom
muskulis

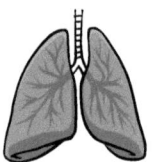

tüdő
plaušas

máj
aknas

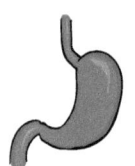

gyomor
kuņģis

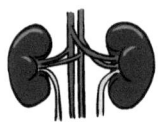

vese
nieres

szex
dzimumakts

kondom
kondoms

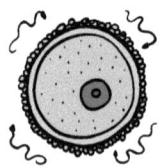

petesejt
olšūna

sperma
sperma

terhesség
grūtniecība

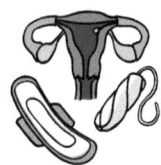

menstruáció
menstruācijas

vagina
vagīna

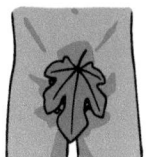

pénisz
penis

szemöldök
uzacs

haj
mati

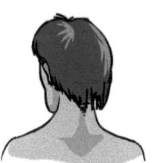

nyak
kakls

kórház
slimnīca

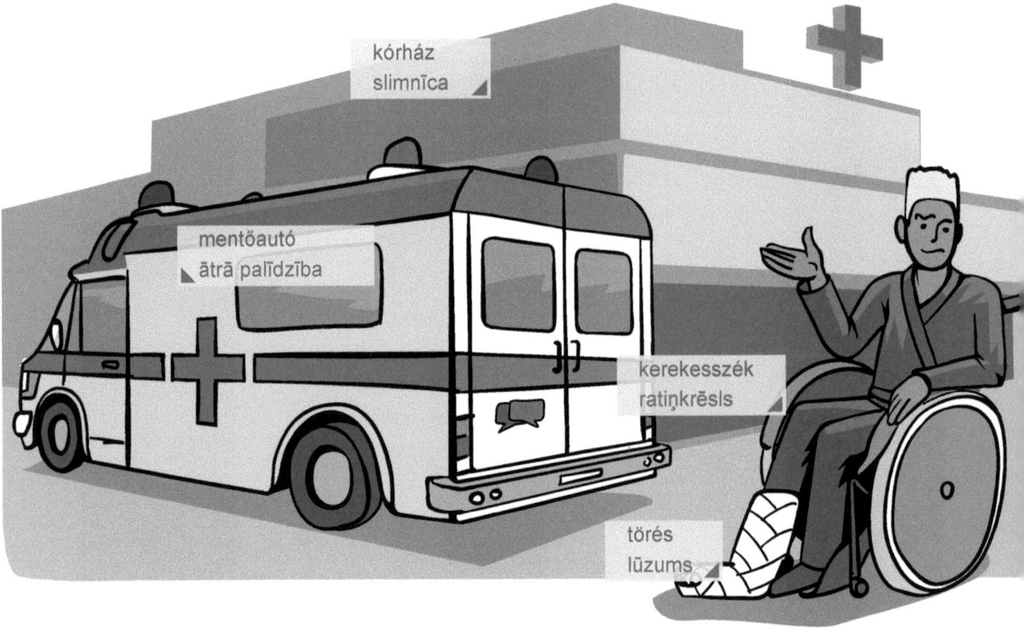

kórház
slimnīca
mentőautó
ātrā palīdzība
kerekesszék
ratiņkrēsls
törés
lūzums

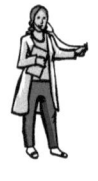

orvos
ārsts

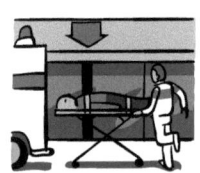

sürgősségi osztály
neatliekamās palīdzības nodaļa

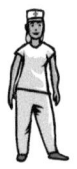

ápoló
medmāsa

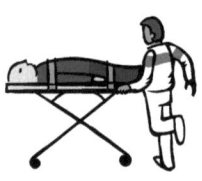

vészhelyzet
ārkārtas gadījums

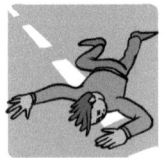

eszméletlen
paģībis

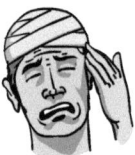

fájdalom
sāpes

sérülés

ievainojums

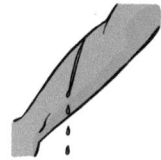

vérzés

asiņošana

szívroham

sirdslēkme

szélütés

insults

allergia

alerģija

köhögés

klepus

láz

temperatūra

influenza

gripa

hasmenés

caureja

fejfájás

galvassāpes

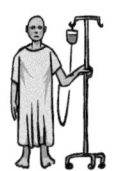

rák

vēzis

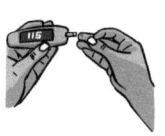

cukorbetegség

diabēts

sebész

ķirurgs

szike

skalpelis

műtét

operācija

CT

datortomogrāfija

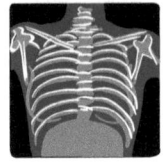

röntgen

rentgents

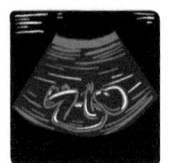

ultrahang

ultraskaņa

arcmaszk

sejas maska

betegség

slimība

váróterem

uzgaidāmā telpa

mankó

kruķis

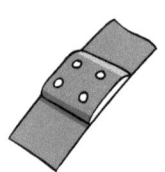

sebtapasz

plāksteris

kötszer

apsējs

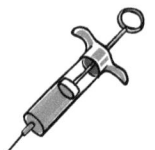

injekció

injekcija

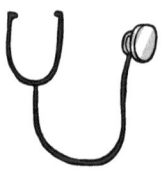

sztetoszkóp

stetoskops

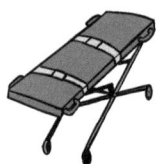

hordágy

nestuves

klinikai hőmérő

termometrs

születés

dzemdības

túlsúly

liekais svars

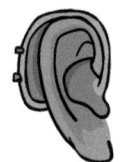

hallókészülék

dzirdes aparāts

fertőtlenítőszer

dezinfekcijas līdzeklis

fertőzés

infekcija

vírus

vīruss

HIV/AIDS

HIV / AIDS

orvosság

zāles

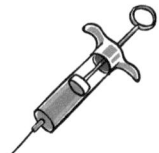

oltás

pote

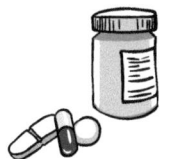

tabletták

tabletes

tabletta

pretapaugļošanās tablete

sürgősségi hívás

ārkārtas izsaukums

vérnyomásmérő

asinsspiediena mērītājs

betegség / egészség

slims / vesels

Segítség!

Palīgā!

riasztás

trauksme

rajtaütés

uzbrukums

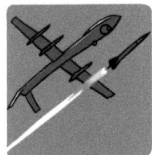

támadás

uzbrukums

veszély

bīstamība

vészkijárat

avārijas izeja

tűz!

Uguns!

tűzoltókészülék

ugunsdzēšamais aparāts

baleset

negadījums

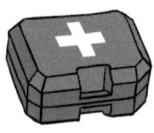

elsősegélycsomag

pirmās palīdzības aptieciņa

SOS

SOS

rendőrség

policija

Európa

Eiropa

Észak-Amerika

Ziemeļamerika

Dél-Amerika

Dienvidamerika

Afrika

Āfrika

Ázsia

Āzija

Ausztrália

Austrālija

Atlanti-óceán

Atlantijas okeāns

Csendes-óceán

Klusais okeāns

Indiai-óceán

Indijas okeāns

Déli-óceán

Dienvidu okeāns

Jeges-tenger

Ziemeļu ledus okeāns

Északi-sark

Ziemeļpols

Déli-sark
Dienvidpols

Antarktisz
Antarktika

föld
zeme

szárazföld
zeme

tenger
jūra

sziget
sala

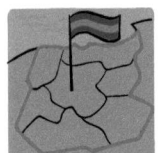

nemzet
nācija

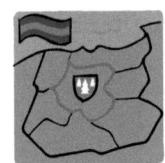

állam
valsts

számlap
ciparnīca

kismutató
stundu rādītājs

nagymutató
minūšu rādītājs

másodpercmutató
sekunžu rādītājs

Mennyi az idő?
Cik ir pulkstenis?

nap
diena

idő
laiks

most
tagad

digitális óra
digitālais pulkstenis

perc
minūte

óra
stunda

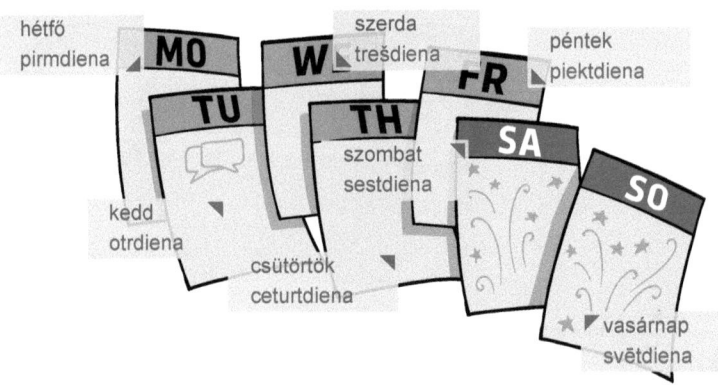

hétfő
pirmdiena

szerda
trešdiena

péntek
piektdiena

kedd
otrdiena

csütörtök
ceturtdiena

szombat
sestdiena

vasárnap
svētdiena

tegnap

vakardien

ma

šodien

holnap

rītdien

reggel

rīts

dél

pusdienlaiks

este

vakars

MO	TU	WE	TH	FR	SA	SU
1	2	3	4	5	6	7
8	9	10	11	12	13	14
15	16	17	18	19	20	21
22	23	24	25	26	27	28
29	30	31	1	2	3	4

hétköznap

darbadienas

MO	TU	WE	TH	FR	SA	SU
1	2	3	4	5	6	7
8	9	10	11	12	13	14
15	16	17	18	19	20	21
22	23	24	25	26	27	28
29	30	31	1	2	3	4

hétvége

brīvdienas

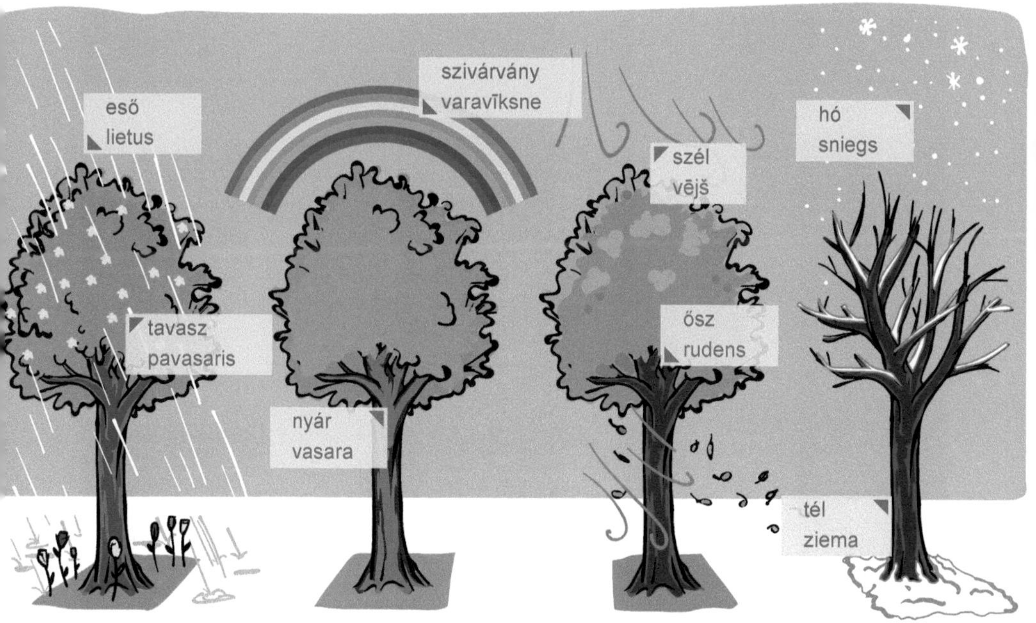

eső
lietus

szivárvány
varavīksne

szél
vējš

hó
sniegs

tavasz
pavasaris

ősz
rudens

nyár
vasara

tél
ziema

4.APRIL	11°	
5.APRIL	4°	
6.APRIL	13°	
7.APRIL	8°	
8.APRIL	10°	

időjárás előrejelzés

laika prognoze

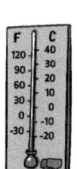

hőmérő

termometrs

napsütés

saules gaisma

felhő

mākonis

köd

migla

páratartalom

gaisa mitrums

villámlás
zibens

mennydörgés
pērkons

vihar
vētra

jégeső
krusa

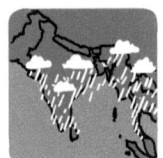

monszun
musons

áradás
plūdi

jég
ledus

január
janvāris

február
februāris

március
marts

április
aprīlis

május
maijs

június
jūnijs

július
jūlijs

augusztus
augusts

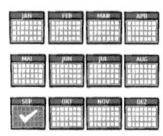

szeptember
septembris

október
oktobris

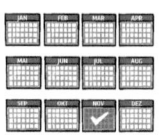

november
novembris

december
decembris

alakzatok
formas

kör
aplis

négyzet
kvadrāts

téglalap
četrstūris

háromszög
trīsstūris

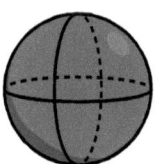

gömb
lode

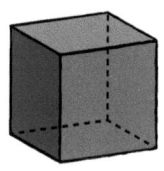

kocka
kubs

fehér

balts

sárga

dzeltens

narancs

oranžs

rózsaszín

sārts

piros

sarkans

lila

lillā

kék

zils

zöld

zaļš

barna

brūns

szürke

pelēks

fekete

melns

sok / kevés
daudz / maz

mérges / nyugodt
saniknots / miermīlīgs

szép / csúnya
skaists / neglīts

kezdet / vég
sākums / beigas

nagy / kicsi
liels / mazs

világos / sötét
gaišs / tumšs

fivér / nővér
brālis / māsa

tiszta / koszos
tīrs / netīrs

teljes / nem teljes
pilnīgs / nepilnīgs

nappal / éjszaka
diena / nakts

halott / élő
miris / dzīvs

széles / keskeny
plats / šaurs

ehető / nem ehető

baudāms / nebaudāms

gonosz / kedves

nikns / laipns

izgatott / unott

satraukts / garlaikots

kövér / vékony

resns / tievs

első / utolsó

pirmais /pēdējais

barát / ellenség

draugs / ienaidnieks

teli / üres

pilns / tukšs

kemény / puha

ciets / mīksts

nehéz / könnyű

smags / viegls

éhség / szomjúság

izsalkums / slāpes

betegség / egészség

slims / vesels

illegális / legális

nelegāls / legāls

intelligens / buta

inteliģents / dumjš

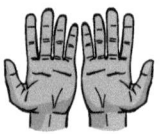

bal / jobb

kreisais / labais

közel / távol

tuvu / tālu

új / használt
jauns / lietots

semmi / valami
nekas / kaut kas

idős / fiatal
vecs / jauns

be / ki
ieslēgts / izslēgts

nyitva / zárva
atvērts / slēgts

csendes / hangos
kluss / skaļš

gazdag / szegény
bagāts / nabags

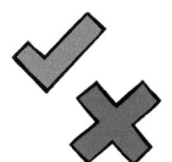

helyes / helytelen
pareizi / nepareizi

érdes / sima
raupjš / gluds

szomorú / vidám
noskumis / laimīgs

rövid / hosszú
īss / garš

lassú / gyors
lēns / ātrs

nedves / száraz
slapjš / sauss

meleg / hideg
silts / vēss

háború / béke
karš / miers

ellentétek - pretstati

0	**1**	**2**
nulla	egy	kettő
nulle	viens	divi

3	**4**	**5**
három	négy	öt
trīs	četri	pieci

6	**7**	**8**
hat	hét	nyolc
seši	septiņi	astoņi

9	**10**	**11**
kilenc	tíz	tizenegy
deviņi	desmit	vienpadsmit

12

tizenkettő

divpadsmit

13

tizenhárom

trīspadsmit

14

tizennégy

četrpadsmit

15

tizenöt

piecpadsmit

16

tizenhat

sešpadsmit

17

tizenhét

septiņpadsmit

18

tizennyolc

astoņpadsmit

19

tizenkilenc

deviņpadsmit

20

húsz

divdesmit

100

száz

simts

1.000

ezer

tūkstotis

1.000.000

millió

miljons

angol

angļu

amerikai angol

amerikāņu angļu

mandarin kínai

ķīniešu mandarīnu valoda

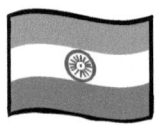

hindi

hindi

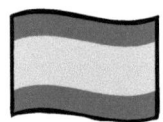

spanyol

spāņu

francia

franču

arab

arābu

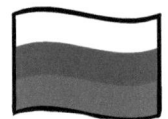

orosz

krievu

portugál

portugāļu

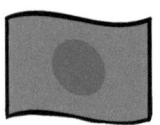

bengáli

bengāļu

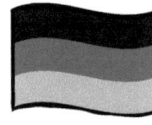

német

vācu

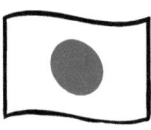

japán

japāņu

én
....
es

te
....
tu

ő
....
viņš / viņa

mi
....
mēs

ti
....
jūs

ők
....
viņi / viņas

ki?
....
kas?

mi?
....
ko?

hogyan?
....
kā?

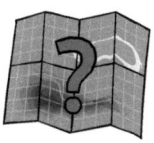

hol?
....
kur?

mikor?
....
kad?

név
....
vārds

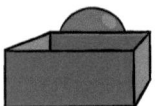

mögött

aiz

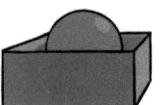

benne

iekšā

elötte

priekšā

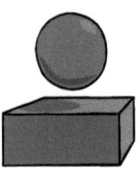

felette

virs

rajta

uz

alatta

zem

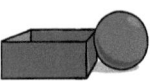

mellett

blakus

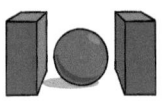

között

starp

hely

vieta